초록도 해탈의 대상인가요

초록도 해탈의 대상인가요

초판 1쇄 인쇄 | 2022년 03월 14일
지은이 | 박은우
펴낸이 | 이재욱(필명:이승훈)
펴낸곳 | 해드림출판사
주 소 | 서울 영등포구 경인로82길 3-4(문래동1가 39)
센터플러스빌딩 1004호(07371)
전 화 | 02-2612-5552
팩 스 | 02-2688-5568
E-mail | jlee5059@hanmail.net

등록번호 제2013-000076
등록일자 2008년 9월 29일

ISBN 979-11-5634-497-1

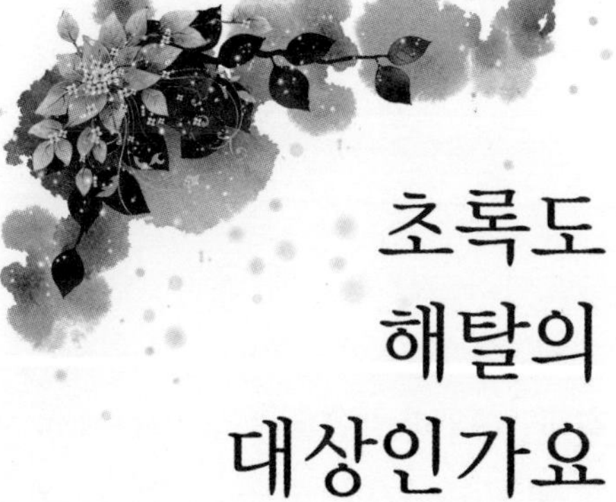

초록도 해탈의 대상인가요

박은우 제3시집

해드림출판사

시인의 말

시(詩)를 들여다보다

등단한 지 어언 19년이 되었는데 초기에 뭘 모르고 연거푸 시집 두 권을 내고서야 시(詩)를 좀 더 깊게 들여다보는 눈이 열리면서 과거의 시들이 너무나 부끄럽게 느껴져 후회와 함께 다음 시집은 더 많은 발전을 한 후에 내겠다고 생각하였습니다.

그러나 자신의 글에 만족하는 사람이 얼마나 될까요?

저도 늘 부족함을 느끼면서 어느 한 편이라도 자랑하고 싶은 게 없었습니다.
그 결과는 16년 동안 글을 쓰면서도 시집을 내지 못했는 데 나이 칠십이 되고 보니 이게 나의 한계고 또한 시

(詩)만이 인생의 전부가 아니란 걸 깨달으면서 내일병에서 벗어나 시집을 내야겠다는 결심을 하게 됐습니다.

부족하지만 이쯤에서 세상 밖으로 출산하는 제 글들이 조금이나마 위로와 공감되는 부분이 있기를 기원해봅니다.

2022년 삼월에

박은우

축하 글

지우(知友) 문우(文友)로 40년

박은우 시인님,

참으로 오랜 세월입니다.

낙화유수 40년이라니, 우리 생의 절반 이상을

아름다운 지우(知友)로서 인연을 이어온 셈입니다.

큰아이가 서너 살 때부터 이웃사촌으로 각별하게 지내왔지요.

아들들은 동갑이요, 딸끼리는 한 살 차이이니

저들 간의 어울림도 아주 절친한 소꿉동무였습니다.

해외 근무하다 휴가 내어 오시면 두 가족이 어울려

산이고 들이고 자연 속으로 나들이를 나서곤 했지요.

더불어 이야기를 나누고 세상사 논하다 보면

이심전심으로 소통이 되고 마음이 편했습니다.

박 시인님은 사물을 보는 안목이 언제나 예리합니다.
일상적인 것에서도 또 다른 시각으로 새롭게 해석하고
판단하는 경우를 자주 보게 됩니다.
매사에 판단이 정확하고 맺고 끊음이 시의적절하니
그래 손 놓고 따라가기만 하면 모든 게 순조로웠습니다.

서로가 산골에서 태어나 소년기 시절을 흙에서 자랐기에
향토적 서정과 동심 속의 추억담들은
고향 동무와의 속삭임처럼 늘 다정다감했습니다.
해설픈 석양 녘 짭쪼름한 향수로 다가오기도 했습니다.
박 시인님은 닉네임 선봉(仙棒)처럼
신선의 지팡이를 짚고 유유자적 산수 간을 노니는 풍류

객으로

한국적 시정이 넘치는 현대의 시인묵객입니다.

평생 각별한 효성으로 부모님을 챙기고 섬기는 모습에선

정 많고 심성 고운 전통적 효자상을 느낄 수 있었지요.

40년 지기 문우(文友)로서 박 시인님의 시편들을 통해

인생의 향훈을 진하게 맞아들이곤 합니다.

여생도 아름다운 동행이 될 것을 다짐하며

제3시집 출간을 큰 박수로 축하드립니다.

2022년 새봄에

낭산 이기순

차례

제1부

제2부

제3부 사부모곡(思父母曲)

제4부

2009년 릴케문학상
대상수상 작품

초록도 해탈의 대상인가요 · 소음(騷音)과 고요 ·
제부도 · 누이 · 저녁 바다

초록도 해탈의 대상인가요

푸른 함성이 해일처럼 밀려드는 오월
해탈을 포기한 씨방들이 줄줄이 열리고
원초적 유전자들이
튼실한 유혹의 씨앗을 만드는 동안
초록은 자기 진자(振子)의 폭만큼 희비를 만들어간다
연두와 초록의 간극이 한없이 벌어지고
미분된 초록이 무더기무더기 꽃으로 물결치면
나는 양 떼를 몰고 아일랜드로 돌아간다

내 원시의 슬픔이 흐드러졌던 곳
그곳에 가면
어머니는 종달새 호각소리에 맞춰
기울어진 보리밭의 수평을 잡느라
호미질이 분주하고
화전밭의 아버지는
늙은 누렁소로 고래심줄 같은 가난을 갈아엎고 있다

초록이 범람하는 나라
봄나물로 배를 채운 어머니도 초록이고

점심으로 찔레 순을 꺾어 먹은 나도 초록
갓가지 초록이 똬리를 틀고 앉아
빈속을 휘젓는다
지나간 것을 되돌아보는 것은
그리움을 인수분해하는 것
미완의 오월을 서둘러 표구해놓고
남은 물감을 쏟아버리는 호스피스 병동의 어머니
움켜쥔 내일을 내려놓는 단념에도
초록물이 배어있다

어머니,
이제 초록도 해탈의 대상인가요?
아일랜드에서 먹었던 그 많은 초록이
아직도 다 소화되지 못했는지
위장에 꽂힌 호스에서 초록물이 뚝뚝 떨어진다.

소음(騷音)과 고요

1.
간추린 소음들, 저녁 9시 뉴스
저들의 전과기록 앞에 퍼질러 앉아
술빵처럼 쉰내 나고 부풀어 오른
소음을 베어 먹다가
꾸벅꾸벅,
다락방에 파리해진 하루를 내려놓는다
공원에 불이 꺼지고
이 도시에선 패잔병일 수밖에 없는 고요가
낮은 포복으로 다가와
다락방 창문을 가만가만 두드리면
나는 아무도 몰래 고요를 맞이한다

2.
창문을 열고 담배 연기를 풀어준 뒤
소음의 공격으로 침몰했던 섬을 끌어올리자
밀려오는 찔레꽃 향기
문득, 주머니 속에 구겨둔

낮에 휴대폰으로 전송되어 온 어머니를 펴본다
하얀 찔레꽃이다
집 나간 새끼들이 다른 둥지에 또 새끼를 치는 사이
무인도에서 찔레꽃이 돼버린 어머니
내가 어머니에게 즐거운 소음이 된다는 걸 나는

안다 모른다

모른다 안다

비겁한 시소타기
먹구름 같은 하루치의 고요를 또 보내드렸나

3.
기관총을 난사하며 쓰레기차가 지나간다
구겨진 어머니를 도로 주머니 속에 밀어 넣고
좀 더 미적거리다가 개전을 알리는 종소리를 듣는다
댕, 댕, 댕, 댕,

치열한 전투를 위해서 실탄을 장전할 시간
시계 초침 소리가 요람처럼 흔들린다
고요가 주섬주섬 옷을 입고서
어스름 속으로 줄행랑치자
밀려오는 기계군단의 우렁찬 진군 소리
눈을 감고 심장에 실탄을 장전한다
소음 속으로 소리 없이 사라지는 찔레꽃.

제부도

영하 5도의 몽롱한 겨울바다
부풀어 오른 하얀 웃음이 너울너울
조급한 발길을 가로막는다
갯벌을 접수한 물의 함성과
눈 덮인 하얀 섬
희고 성스러운 한 송이 불두화
보물을 훔치러 눈길을 달려왔다가
바리케이드 앞에서 보물지도를 압수당한다
속세의 시계가 멈춘 오후 다섯 시
오염된 야만인은 갈 수 없는 섬
모세의 기적은 흔적 없고
진설이 된 하얀 섬을 안고 바다가 춤을 춘다
내 안의 푸른 별들이 하나 둘 바다에 뛰어든다
해무에 길을 잃은 붉은 꽃등 하나
서쪽으로 둥둥 떠내려가고
어지러운 욕망의 발자국들도 떠내려간다
환상 속으로 침몰하는 섬
전설 같은 바람이 눈물만큼 짜다

누이

시집갈 날 훌훌 걷어차고 단봇짐을 쌌던 누이
돌아오면 다 용서한다는 아버지의 회유에
수심 한 보따리 이고서
해 지나 돌아온 서울 코스모스
신작로를 따라 집으로 가는 내내

눈에서

볼에서

하얀 종아리에서 진한 꽃내음을 풍겼고
나는 속살이 말갛게 익은 누이의 등허리에
진홍의 코스모스 꽃도장을 찍어주었지

그렇게라도 수심을 덜어주고 싶었던 누이는

그날 밤
아버지가 온몸에 찍어놓은 무수한 꽃도장으로
근 달포를 푸르게 떨다가

이듬해 봄
노오란 민들레가 되어 시집가버렸다

물 한 방울 고이지 못하는 척박한 시집살이
호미질도 못하는 자갈밭에 기도의 씨를 뿌리곤 하다가
어둠을 잘라먹고서 자신의 꿈속으로 사라져 버린 누이
가을이면 호숫가에 키 작은 코스모스로 피어나
흰 구름 깔고 누워 쪽빛 꿈을 꾸지만
날개 잃은 꿈은 승천하지 못하고
아버지가 그랬던 것처럼
내 가슴에 무수한 꽃도장만 찍어댄다.

저녁 바다

내가 만든 각본대로 고속버스로 올라오신 부모님
나를 보자마자 하얀 틀니로 덥석 나를 깨문다
명치에 꽂히는 마이너스의 과전류
이를 방전해보려고 강화도 휴양림으로 나들이를 갔다
초등학교 때의 봄소풍 같은 기분일까
들뜬 아버지는 무늬도 흐릿한 아버지 탈을 벗어버렸다
기울기가 86.5도로 곧추선 늙은 소
중력의 가속도로 살아서인지 가만히 있어도 숨이 가쁘다
막걸리 석 잔으로 당신이 만든 영화를 돌리신다
일제시대와 육이오 전쟁,
화전민에서 성공한 도시인으로 우뚝 섰던
황금시대로 멈춘 영화

"나가 고생 참 많이 혔다"

토막토막 잘리고 채 썰려 소금에 버무려진 삶의 잔해들
아버지한테서 소주 냄새가 난다
평생 우려낸 구멍 숭숭한 등뼈에서 소울음소리가 들린다

"느들 힘등께로 나 죽으면 제사도 지내지마라 잉"

죽음을 준비하러 캄챠카를 찾아가는 늙은 쇠고래
알을 짜내고 숨이 가늘어진 연어와 껍질만 남은 거미
왜 그런 게 생각나는지
한평생 흘린 땀과 눈물이 출렁대는 저녁 바다
노인의 눈 속으로 가라앉는 세상을 바라보며
꼬리를 자른 해가 물 위에 앉아 있다.

제 1 부

달빛 소나타 • 산도라지 • 겨울 덕유산 종주 • 공룡능선 • 대청봉 야간산행 • 야간산행 • 선자령 • 운무에 쌓인 도봉산에서 • 은해사의 단풍 • 백운산 • 야상곡 • 요양병원의 수채화 • 문자메시지 • 낮달 • 붉은 거짓말 • 빛과 그림자 • 환생 • 기다림

달빛 소나타

뉘 눈빛 저리 닮아 날 사로잡는가
불덩이 하나 몰래 품고 있는 너
절제된 그 입김으로 달무리 치는 밤은 향기롭다
넝쿨장미도 코를 벌름대는 은은한 달빛 향
취한 바람이 어느 돌기에 걸려 넘어지면
연모의 불꽃은 너절한 사유의 꼬리를 자른다
본능의 삽날로 수십 년 자란 가식을 갈아엎고
뽀얀 속살로만 사랑하자던 너
거미줄 같은 밤꽃 향이 길목마다 덫을 놓는다
지나가는 건 다 걸려드는 밤
꽃빛 신음소리가 이슬에 젖는다
달빛도 녹아 휘어지던 열락의 몸부림은 끝나고
늘어진 사유의 끈을 되감는다
더 이상 챙길 것도 없다는 듯이
툴툴 털고 일어나 봉화산을 넘어가는 너
따라나설 수 없는 난
늘상 창가를 서성이는 달빛 소나타.

---

* 경춘선 가평역과 대성리역에 설치된 나의 시화

산도라지

비바람 훑고 간 자리
연지곤지 깨끗이 지워버리고
외홀로 눈을 뜨는 자줏빛 그리움
작년에도 기다리다 흙에 눕더니
언 땅속 동안거로 털어낸 아픔
올해도 여전히 그 모습이네

쇠뜨기 모진 칼날 바람을 베어도
봄은 기다림처럼 다시 오는가
자줏빛 풍경소리 비탈에 앉아
먼 산만 바라보며 삼킨 외로움이
뼛속에 하얗게 쌓여가는 너
내 안에 만개한 그리움이네.

---

* 보령시 개화예술공원에 있는 시비에 새겨진 시
원래는 릴케문학상 대상수상에 따른 부상으로 시비를 해주었는데
시비 제작 상 짧은 시를 내라 해서 이 시를 새기게 된 것임

겨울 덕유산 종주

1.
어릴 적 고향 뒷산이었던
약초 캐고 나물 뜯으려 오르던 산
아주 작은 내 소망조차 움켜쥐고
쉬 내주지 않던 그 산이 싫어
무슨 원망처럼 줄행랑을 쳤다가
반세기가 지나서야 다시 오른다

2.
값비싼 장비로 무장하고 오르지만
한계점을 경고하는 심장소리는 또
내 안에 돌멩이가 그득한가
교회에서
절간에서
안방에 누워서도 열심히 갈구했던,
난 이 돌멩이만 구걸했던가

3.
생각도 짐이 되는 7부 능선
기도 또한 바람이어서 무겁고
자아(自我) 마저 무거워 버리고 오르는 산
숨 한 번에 두 발짝씩
요원한 골짜기를 뿌리치는 몸부림
층층나무 가지마다 눈꽃만 환하다

4.
칼바람이 난무하는 동엽령
보온병과 보온도시락
사과 한 개와 막걸리 한 병
다 버리고 오줌까지 버리고 나면
천상으로 오르는 길이 보인다
지리산 영봉들이 줄지어 달려오고
대덕산 운장산 가야산이 달려온다

5.
향적봉으로 가는 능선
부처가 된 주목들이
천년의 꿈을 아직도 해독하는 중
제 그림자를 깔고 앉아 수행 중인
푸른 주목의 숨소리가 그윽한데
그 아래 팔 벌려 사진을 찍는
이 하루살이의 성가심이라니

6.
하늘을 받쳐 든 향적봉
쇳소리로 목이 쉰 바람을 맞으며
언 눈을 깜박이는 독수리 떼
파도처럼 산들이 밀려오는 소리에
탯줄 감긴 문이 열리고
와르르 쏟아지는 피 묻은
내 안의 돌멩이들

7.

탄성도 가벼이 얼어 날리는 향적봉
천당과 지옥이 교차하는 순간마다
힘껏 날갯짓을 해보지만
아이젠의 무게로 날지 못한다
아직도 버리지 못한 몇 개
돌멩이의 무게로 날지 못한다
돌아서는 순간 날개는 사라지고
아득해지는 하산 길은 또…

공룡능선

야간산행으로 대청봉에 올라
막 건져낸 붉은 해를 한 입 베어 먹고 나면
묘하게 겁이 없어지고 기고만장해져서
돌부처가 된 공룡능선을 쉽게 넘본다

처음엔 탄성의 힘으로 고비를 넘는다만
깎아지른 구비 구비
공룡의 포효소리 이명으로 들릴 때쯤
부풀어 오른 심장은 활화산을 경고한다

이 길은 오만인가 필연의 숙제인가

행간이 없는 외줄 경전을 읽어가는 동안
자신의 역사도 고스란히 읽히는 것이다
제법 겸손해진 모양새로 위장을 해보지만
너 댓 구비만 넘으면 단내 나는 목구멍

채우기만 했던 가슴을 비우기 시작한다
극한의 온도로 얼려놓은 기억조차

한 점 바람으로 승화시켜 버려야 하는,
발바닥이 부처고 심장은 목탁이다

칼바위 능선이 좌선 중인 비선대에 이르러
비로소 돌이 된 오만(傲慢)을 내려놓는다
가벼움의 눈물로 발바닥이 젖는다
땀띠 난 가슴으로 듣는 바람의 독경소리

신(神)들이 만들어놓은 첨탑들의 만리장성
오만과 숙제가 공(空)이 되는 순간
한줄기 바람이 경전을 읽고 지나가면
더불어 날아가는 내 안의 찌꺼기들.

대청봉 야간산행

어둠 속에서 벌이는 무모한 용기
태산이 보이지 않아 용감한가
그 모름의 힘으로 야간산행을 감행한다
헤드렌턴의 가시거리로 미분된 어둠
그의 중심을 박음질해나간다

킬리만자로를 기어오르는 바람소리
바이칼호수로 떨어지는 물소리를 들으며
어둠의 경전을 읽어간다

퉁 두둥 퉁 두둥,
가슴속 목어를 두드리는 소리
키 작은 나무들이 바람의 경전을 외고 있다
혼미해진 어둠 사이로 번지는 핏물
해탈 중인 목어의 꼬리가 전율한다

무너진 돌탑이 눈을 뜨고
빛을 인도하는 대청봉의 기도소리
잠을 깬 산비둘기 한 마리

구름을 밀쳐내고 황금 종을 두드린다

금빛으로 공명하는 목어의 심장들
날선 사념의 창칼이 주르르 녹아내리고
해시(亥時)에 어머니 배를 찢고 나온
나의 첫울음 소리가 들려오고
곧이어 펄펄 끓는 동해바다 위로
여의주를 문 용 한 마리 솟구쳐 오른다.

야간산행

그건
살아남은 병졸들의 성지순례
살기(殺氣)를 닦아내는 엄숙한 고행
한 점 불빛으로 흔적을 더듬으며 음미하는
구름과 바람의 앙상블
한 발짝이 한 소절의 기도이고
한 모금의 침묵은 한 아름의 고해성사
산허리 감아 도는 바람을 타고
숨가쁜 날갯짓으로 비상한다

수미산 정상
무한대로 뻗은 어느 외계의 별 밭
꽃피는 천국인들
이보다 더 황홀하진 않을 진데
동녘에 번지는 어스름 핏물
저 붉은 도도리표

환희는 찰나
야망의 진저리는 길다네

어둠 이은 자리에 돋아나는 피멍든 발가락
수미산은 사라지고
사바로 돌아가는 길만 아득하다.

선자령

그곳에선
바람으로 세례를 한다
눈과 귀 그리고 가슴을 열어
회색빛 인연들을 씻어낸다

공중부양
또는 휴거
존재는 바람의 솟대를 세운다
나는
그 솟대 위에 걸터앉은 기러기

구름 한 점 따먹으면
꺼진 그리움이 부풀어 오르고
바람의 혼이 맴도는 풍차를 향해
푸우~~
내 안의 풍차가 돌아간다
250볼트의 전류가 찌릿찌릿
차가운 염통을 지져준다

텅 빈 가슴에 차오르는
푸른 바람의 향기
오롯이 피어나는 인연 하나
찔레꽃 무덤을 빠져나와
동해를 향해 훨훨
그래 부활하는 거야.

운무에 쌓인 도봉산에서

먹구름에 휘감겨 양수가 터진 도봉산
주르륵주르륵
아픔을 쏟아내면서도 우레를 감춘다
능선마다 쇠금줄을 쳐놓고
신선과 선녀들을 출산하는 도봉산
자운봉이 주는 구름 몇 조각 받아 먹고서
동물성 피를 토해버린 나도
식물성 피가 흐르는 신선이 되었다

날카롭던 손톱들이 나뭇잎처럼 순해진다
우우우쓰와아
나무가 현을 켜는 바람의 연주 소리를 들으며
신선과 선녀들이 어머니 품에 안겨있다
〈사바(娑婆)는 어디에 있고
극락은 어디에 있는가요〉
도봉산은 토닥토닥 가슴을 쓸어주며 말씀하신다
이곳이 극락이고 사바라고
가장 느리게 뛰는 어머니의 심장 소리
있음과 없음이 하나인 도봉산의 큰 울림.

은해사의 단풍

밤새 고모라를 싸돌다 돌아온 탕자
가슴이 따끔거린다
절간 자판기에 천 원을 넣고 염불을 꺼내 마시자
아픔이 조금 가라앉는다
어린 부처님은 여전히 돌 항아리에 오줌을 누고
나는 염불 냄새 간간한 그 오줌을 받아 마셔본다
단 세 모금으로 돌대가리에 피가 돌고
백태가 걷히면서 하늘이 보인다
번뇌가 사라진 파아란 하늘에
은해사를 통째로 시주해 버리고 하산하는데
살모사 한 마리
가랑이를 빠져나와 동안거로 사라진다
아~ 제기랄
바람에 쓸려가는 불 꺼진 야망의 잔해들
단풍 든 인생도 함께 굴러간다
다람쥐 한 마리 바위에 앉아 비손 중
가슴에 구멍을 내는 붉은 바람 한 자락

백운산

수억 년 제 살 깎고 뼈를 갈아낸 산
부처인들 저만할까
아픔을 잃은 산이 빙그레 웃네
존재는 행복으로 포장된 고통이라고
목탁소리를 이고 온 산바람이 향기롭네

멀리 화악산 준봉 아래 어둑어둑,
화약연기 날리는 모습
우우우
뼈들의 울음소리를 끌어안고
우듬지 봉우리는 하늘에 뻗쳐
새 날을 내려받고 있네
하얀 도화지네
말간 고드름이 오색 물감을 준비하고 있네

찢어진 깃발은 이제 내리고
꽃의 그림자만 가슴에 둬야 하네
훗날 기억들이 가벼이 흩어지려 하면
그림자 하나 꺼내어

살을 붙이고 향기 불어넣어
허벅진 꽃동산 하나 만들어야겠네.

야상곡

시월의 목마른 바람과
늙은 풀벌레와
별들이 연주하는 야상곡을 들으며
외딴섬에서 야영을 하는 건
회한의 나이테가 되려는 현재 진행형을
바다로 수렴하는
미래완료형으로 바꾸어 놓는 것

활활 타오르던 모닥불은
제 속을 들여다볼 여지가 없었다지
잉걸이 되고서야 무딘 가슴에
억새들의 합창소리가 차오르고
별들의 묵시록을 안주삼아
독백이 사라진 술잔에
E단조로 회한의 술을 따른다

성자의 깨달음은 어떤 것일까

체념보다 슬픈 건

내가 뿌린 가시에 찔린 사람들을
찬찬히 바라보는 것
젖은 눈망울들이 토해내는
절망보다 무거운 침묵을 바라보는 것

고해성사 같은 붉은 침묵들이
술잔 가득 차오르면
나는 기꺼이 그 술을 마신다
내 허리에 채찍을 휘두르고 또 한 잔
북두칠성이 꼬부라져 눈을 흘길 때까지
열두 발 채찍으로 내 영혼을 후려친다

술 취한 야상곡이 꾸벅꾸벅 졸다가
번데기처럼 침낭 속으로 들어가고
북극성은 여전히 성자의 모습인데
찬바람은 내편처럼 다가와
망각의 침낭 속으로 들어가라 하네.

요양병원의 수채화

1.
멀고 외질수록 좋다는 요양병원
입원이 곧 입관(入棺)이 되는
진화된 고려장(高麗葬)
두 줄로 나란히 누운 여섯 할머니들
며느리 대신 꽃병에 꽂힌 붉은 장미가
무심의 향기로 구멍 난 가슴을 헤집는다
선잠에서 깨어나 조각난 꿈을 맞추어 보지만
알 수 없는 퍼즐 조각들
짚이는 대로 듬성듬성 징검다리를 놓아가며
좌표도 없는 어둠 속을 배회한다

2.
유월의 푸른 물결을 가르며
창공을 향해 노를 젓던
그녀들의 뜨거웠던 여름날
설강 줄에 매달아 놓은 삶은 보리의 힘으로
짧은 밤을 설렘으로 부풀리던 꽃잎들

겨우 이동식 칸막이로 눈을 가리고
부끄러움을 내맡기는 겨울여자들
고무손이 시든 꽃잎을 추스르는 동안
절망은 체념으로 해탈하고
체념은 얼음보다 차갑게 굳어간다

3.
입가에 출렁이는 홍망의 물결들
침묵이 내뱉는 고단한 기적소리
휘유우~~
창밖에서는 칼바람의 추인새
휘유우~~
늦겨울의 눈발은 절망처럼 어지럽고
시계추의 카운트다운에 맞추어
또옥똑 떨어지는 링거액
체념을 적시기에는 턱없이 부족했던가
볼우물에 소금꽃이 하얗게 피어있다

문자메시지

문자메시지로 도착한
오래된 너의 상처 위로 장대비가 내린다
패인 살점 헤집는 빗물, 핏물
원통한 넋이 붉게 흐르는 한탄강, 회한의 강
그래, 우리 살풀이를 해야지
낡은 유성기판처럼 반복되는 기도문
먹구름을 뚫고 하늘에 뻗는다
덩달아 빠져나가는 수 천 기압의 아우성
젖은 속살로 파고드는 초록빛 실바람
산허리의 잔구름을 마저이고 날아간다
엎어져 울던 산들이 고개를 쳐든다
환하게 드러나는 체념의 흔적
비로소 아픔을 벗는 문자 메시지
간간이 탬버린을 흔들어대는 미루나무 아래서
쇼팡의 이별 곡보다 깊고 순한
바람의 노래를 듣는다
울음 그친 하늘의 환한 미소
응어리를 풀어 만든 색동 무지개
찬란한 슬픔이 피워 올린
둥근 행복.

낮달

늦은 밤
피 마른 감나무 위에 올라앉아
소쩍새 추임새로 비파를 뜯던 너
날밤 꼬박 새우더니
반쪽은 어데 두고
그다지도 야윈 얼굴이 되었나
너의 슬픈 낯빛이
나에겐 친근한 위로가 되는,

벌건 대낮에 반쪽을 잃은 게
어디 너뿐이더냐
산 넘고 물 건너 하냥 헤매다
바다를 머리에 이고 유랑하는
길 잃은 낮달
무언의 외침 속 조용한 몸부림
그 속을
나 말고는 아무도 모른다

붉은 거짓말

나의 황금빛 가을을 삼켜버린
체념보다 차가운 여인
먹구름 속에서 그녀는 좌표를 지워버렸다
달뜬 웃음소리가 초단파로 퍼져나가고
그 웃음을 쪼아 먹던 독수리의 날선 발톱이
내 정수리를 해체한다
아직 해체되지 못한 통증 하나
뇌관을 힘껏 잡아당긴다
번쩍
우르릉 쾅쾅
체념이 폭발하는 소리
체념도 쌓이면 무기가 되는가
거짓말 같은 붉은 낙엽이 아스팔트 위로 쏟아진다
자신을 담금질하기 위해 비에 젖는 남자
어둠을 둠벙둠벙 베어 먹는 여자
뼈마디에 새겨진 푸른 맹세가 환하게 드러난 아침
어둠을 포식한 그녀가 배시시 웃으며 돌아온다
부활을 준비하는 또 다른 거짓말의 유전자들
배알 없는 나는 감기로 달아오른,

38.5 도의 체온으로 그녀를 끌어안는다
절망도 잘 구우면 희망이 되지 않을까 싶어.

빛과 그림자

1. 스카우트

봉황이 날아간 자리엔
무지개도 황홀하다
방울소리 찬란한 금마차가 당도하자
명패를 집어던지고 일어서는데
동료들의 눈빛이 매달린다
아주 작은 배려마저 인색해진 눈빛으로
철저하게 시선을 뭉개버리고
미지의 세상을 향해 금마차를 타는 것.

2. 감원

사주풀이대로 찌든 굴뚝
검은 연기 대신 한숨소리 자욱한데
기름통이 비어서 보일러는 해고됐다
애간장을 태워서 겨우 돌아가는 공장
힘없는 소 한 마리씩 끌려가
유서 같은 억지 사표를 쓰고

뉘를 위한 화목(火木)이 되라하네
동의를 하든 말든
아궁이에 던져지는 민초들
까만 숯덩이가 되어 거리에 나뒹군다.

3. 명예퇴직

욕망의 노예는 삭신을 무너트리고
불면의 밤을 찬양한다
저 눈먼 칼날에
얼마나 많은 사람들이 희생되었던가
정상에 깃발을 꽂으면 끝날 줄 알았는데
그건 더 높은 고지를 향한 이정표
끝없는 전쟁으로 진기 다 빠지고
영혼이 너덜거린다
한 줄 위로가 파랗게 돋아나는 아침
고지를 포기하고 없는 길을 찾아
허공을 짊어지고 하산하는 것
개미가 제 더듬이를 잘라버리는 것.

환생

가뭄 끝에 봄비가 내린다
이상 한파 끝에 겨우 얼굴을 내민 목련꽃이
기다린 시간의 무게로 추락한다
짧은 환희의 노래는 유리창에 매달려
별로 건질 것도 없는 어제를 뒤지고 있다

내가 만든 허공의 무게로 휘어진 길
웃음을 깔아가며 걸어보는 그 회한의 길
맹랑한 목표를 수정하고 궤도를 미분하면
작지만 분명 꿈의 본질이 있다는 걸
꽃들이 먼저 알고 씨방을 준비한다

내일이면 눈부신 배꽃이 꿈을 꾸겠네
내가 환생의 착각에 빠져있는 동안
산골 보리밭에는 종달새가 환생하고
솟구쳐 오르는 소리의 향기는 눈물겹겠네

나의 일상이 쳇바퀴라면
자위하건대 나는 매일 환생하는 것 아닌가?

환생의 날들이 얼마 남지 않은 아버지보다
왜 나는
덧붙이고 지워야 할 일이 이리도 많은지?

기다림

IMF의 대 혼돈을 들국화로 마감한 이후 소낙비 뒤에 피어나는 무지개를 싫어합니다. 화려한 도시의 네온 불도 싫어하고요 이제 제법 꿈과 현실을 구분할 줄 아는 몇 번의 허물을 벗은 어둠에 익숙한 재활용 인생, 남루를 보이지 않으려고 낮에는 가식이라는 가면을 쓰고 살다가 밤이 되면 별이 보이는 꼬방동네 작은 둥지로 돌아와 가면을 벗고 거울 앞에 서봅니다 창밖이 온통 거울이거든요 산비탈 재개발지역엔 아직 내 거울들이 살고 있고 그들이 걸어 놓은 별들이 총총합니다 나의 가장 친근한 위안들이고 희망인 저들이 언제까지 저 비탈에 남아서 나의 동료라고 말해줄 수 있을지 불도저가 저들에게 마천루 같은 새 둥지를 안겨주면 저들은 더 이상 내 거울이 될 수 없겠지요 쓰러진 어음들이 다시 살아 숨 쉴 날을 기다립니다 한때는 아프리카 사하라에 맞섰던 어음들이 뇌졸중으로 식물 어음이 되었지만 곧 깨어날 것을 믿습니다 아니 믿어야 합니다 별밭에 태양이 뜨는 그 아침을 기다립니다 관악산 기상대의 불빛이 일등성이 되기도 하고 삼등성이 되기도 하는 밤, 산모롱이를 감아 도는 희미한 불빛은 누구의 이정표일까요 어쩌다 눈이

라도 내리면 몽유병자처럼 밖으로 나가 온밤을 헤집어 보지만 북극성이 반드시 정의의 나침반만은 아니라는 사실만 증명하고 원점으로 돌아갑니다 그래도 기다림은 IMF가 남겨놓은 유일한 희망이고 그 속을 채워가는 설계는 행복입니다.

새로운 항해를 위한 기도 • 숨어있는 이기심 • 비육우(肥肉牛) • 노르웨이의 자작나무 • 새날을 간다 • 가벼움의 희열 • 여름이야기 • 나의 봄은 • 수학여행의 추억 • 허기재의 봄 • 어떤 흡혈 • 하루 • 환하게 떨린다 • 손의 독백 • 저어새 • 비 오는 날의 낮잠 • 꿈의 궁전 • 강물

새로운 항해를 위한 기도

아들아 며늘아
배냇짓할 때부터 지금까지
그 파란 가슴과 하얀 손으로
이리도 튼튼한 배를 만들고 있었더냐
노아의 방주 같은 결혼을 위해
축배를 드는 이 자리가 마냥 향기롭다

새로운 항해를 시작하는 너희에게
온전하게 거듭나라고
세례 비가 저리 내리고 있음이니
얼룩과 고달픔은 다 씻어버리고
새로운 태양이 떠오르는 내일 아침에
너른 바다로 항해를 떠나거라
선장은 항해사의 말을 잘 들어야
거센 풍파를 넘을 수 있고
항해사는 선장의 말을 잘 따라야
어둠도 별빛처럼 영롱해진단다

아프리카 희망봉을 돌아갈 즈음엔

천사의 이름표를 단
소중한 아이들을 얻게 되겠지만
대양의 파도는 더욱 높고 거셀 것이다
가슴에 북극성 하나 고이 새겨두고
지칠수록 서로에게 찬송하라
그들도 이내 선장과 항해사가 되어
푸른 바다로 유유히 떠나갈 것이니
부모의 행복이란 그 뱃머리에
이름 하나 온전히 새겨주는 거란다

은발 나부끼면서
태초의 고향으로 돌아가는 날
남긴 흔적들은 역사의 돌비가 되어
하나님의 왼편에 영원히 남겨지리니
한시도 흐트러짐 없이 늘
맑고 자비로운 마음으로 세상을 보라
뜸북새 울음소리 달빛으로 흐르는 날
오늘을 되돌아보면
거기 잘 여문 행복이 보일 것이다.

숨어있는 이기심

움츠린 씨알이 사타구니를 파고드는
혹한의 어느 역 지하도
자존을 몰수당한 걸인이
골판지에 폐품처럼 엎드려있고
그 옆에는 한 스님이
구세주처럼 꼿꼿이 서서 목탁을 두드린다
별 생각도 없이
백 원짜리 동전 한 닢을 걸인에게
천 원짜리 지폐 한 장을 스님에게 보시하고
무게를 덜어낸 듯이 날아갔다가 돌아오는 길
걸인의 모자에는
차비도 못 되는 동전들이 운명을 점치고 있고
스님의 바랑에는
영수증 같은 지전들이 극락을 연출하고 있다
돌계단을 오르다가
문득
계단이 와르르 무너지는 느낌
나는 적선 대신 복권을 산 건 아닐까
죽어서도 무거운 돌덩이가 될

어둠보다 더 검은 무의식의 이기심
길바닥에 쏟아져버린 냄새나는 양심
복권은 역시나 꽝일 텐데…
탈출할 계단이 안 보인다.

비육우(肥肉牛)

애당초 사랑의 환희는 없었다
단지 주사기의 요술로 태어나
정해진 요절을 위해 평생을 수도하는 소
무아의 깊이로 운명을 되새김질하면서
날마다 태초의 본능을 지워간다
죽어서는 들지 못하는 관(棺)
그 관(棺) 속에 갇혀 먹고 자고
저들의 신에게 살찌는 소리를 들려주며
보시(報施)를 예비하는 일생
뇌세포는 빠르게 소멸을 시작하고
눈 속에는 달도 없고 별도 없다

단 한 번의 외출로 요절하는 날
트럭을 타고 천국을 둘러본다
요상하게 달리는 알 수 없는 것들
왜 뒤로만 달아나는지
의문이 풀리기도 전에
뇌세포는 한순간에 소멸을 완성한다

서울 경동시장
냉장고에 걸려있는 석양 한 조각
그걸 사 먹는 나도 소를 닮아간다
낮에는 유리관 속에서
밤에는 콘크리트관 속에서
꿈을 지워가는 하산길의 일상
가속도가 붙어서 너무 빨라진 하루
그 하루를 되새김질하며 달리는 강변길
하루의 소멸을 알리는 노을이 참, 붉다.

노르웨이의 자작나무

시베리아에서 스칸디나비아 반도까지
수목한계선을 따라 수직으로 달리는 것들
지바고의 하얀 약속이고 바이킹의 푸른 깃발이던,
긴긴 겨울 넘쳐나는 침묵의 언어와
바람의 악보를 읽어내던 동정녀 자작나무
잔설이 성성한 언덕에서 해산을 마치고 혼곤하다

얼굴이고 입술이고 눈인 저 어린 연두들
자신의 짧은 삶을 아는 걸까? 태어나자마자
하지의 햇살에 눈이 부신 듯 실눈을 뜨고
입술을 오물거리는 옹알이의 물결 앞에
사치스럽다 느껴지는 내 혼돈의 역사
저절로 조율이 되는 내 영혼의 하모니카

수목 한계선의 난쟁이 자작나무 한그루
평생의 기다림 속 백발의 솔베이그와
돌아온 탕자 페르귄트
건방 떨던 내 꼬리가 사타구니로 파고든다
경배하듯 엎드려

터지고 뚝살 진 솔베이그의 무릎을 쓰다듬어본다
신의 뜻대로 살아보려고 용을 쓴 흔적들
회한 한 덩어리 딱딱하게 굳어있다

하모니카로 솔베이그의 실타래를 풀어내는 동안
페르귄트를 꼬드겼던 높새바람은 이내
속살을 간질이며 이별을 재촉하고 있다.

새날을 간다

자기변명과 원초적 양심이
자석처럼 일상의 코일 속을 돌면서
나는 조류(潮流)처럼 살아온 건 아닐까
직선이 아닌 곡선으로 산다는 건
각을 피하는 중용이라고
꼬리 치며 잘 달려왔으나
그건
산을 오르지 않고 둘레길만 걸으면서
정상에 서는 꿈을 꾸는 삶
꼬리가 무거워 위로 오르지 못하는 괴물
이제 잘라버릴 시간이다

너무 휘둘러 늘어진 혀를 구부려 넣고
담뱃불로 송곳니를 달구어 날을 죽인다
한 해의 마지막 주자가 관악산을 넘어
쏜살같이 서해로 달리는 밤
허리를 비틀고 꼬리를 물어뜯는다

두꺼워진 낯가죽이 벗겨지고

고래심줄에 감긴 외고집이 잘리는 순간
뎅, 뎅, 뎅
벌건 눈에
제야의 종소리가 포도알처럼 엉긴다
안개 자욱한 새날의 밤거리
멀어지는 아우성
젊어진 세상이 아기처럼 작고 가볍다.

가벼움의 희열

마른 빗줄에는 마른바람이 흘러요
잘 마른 생각들이 뚝뚝 떨어져
오동잎처럼 휑한 공원을 구르는 동안
내 가슴은 가시나무새의 울음소리를 들어요

큰누님 같은 열아흐레의 넉넉한 달이
소리를 털어낸 하얀 명주실을 감고 있어요
울음의 흔적을 감고 있어요

고개 숙인 갈대는 달빛소나타를 연주하고
해탈한 나무들이 후렴을 합창해요
호수는 천 개의 귀로 음표를 받아 적고
틈새로 차오르는 귀뚜라미 울음소리는,

또 하나의 이별이 완성 중이에요
허공마저 무게를 버리는 저 가벼움의 희열
이쯤에서 눈물은 더 이상 미련이 아니란 걸
제 영혼을 스스로 세례 해본 사람은 알아요

더 이상 봄을 준비하지 말아요
그냥 비워두면 울음은 바람이 되어요
흔적일랑 또 다른 바람으로 지워지길 기도해요
나 또한 누구에게 바람이었을 테니까요.

여름이야기

1.
쇠비름을 대쳐 한 양푼 푸지게 담아
누런 된장으로 쓱쓱 비벼
점심에 먹고 저녁에 먹고
담날 아침에 또 먹고
그러고는 콩밭 매면서 더위마저 먹고서
푸른똥 오지게 싸던 시절
황금 같은 밀 한 포대 대조리로 정성껏 일어
할아버지가 짠 새 멍석에 널어놓고
하늘을 향해 비손하시던 할머니
"싸게 마르게 볕 좀 푸지게 주시오 잉"
"우리 손자 푸른똥 징하요 잉"

2.
불볕더위가 뒤늦게 없는 할머니를 찾는다
할머니의 비손발이 이제야 먹힌 건지
무더위가 인민군처럼 헤집고 다니는 바람에
사람들은 은행 안으로 숨고

나무 밑으로 숨고
다리 밑으로 숨고
아스팔트는 반쯤 미쳐서 비틀비틀
담장 위 호박넝쿨은
죽은 듯이 제 몸 축 늘어트려
애기호박 하나 감싸 안고 조마조마

3.
유엔군은 언제나 인천으로 상륙한다
서해바다에서 잔뜩 세력을 불린 먹구름
인천을 휩쓸고 서울을 공격한다
사방에서 터지는 대포소리
번쩍 꽈다다당
이어서 쏟아지는 수직의 탄환들
두두두두두
벌겋게 달아오른 난곡동 양철지붕이
신명나게 탄환을 받아먹는다
쫓기던 불볕더위가

게릴라처럼 출몰하기도 한다지만
고추잠자리가 타전해온 전황은
대구에서 마지막 게릴라가 소탕됐다는 것
처서가 단풍 깃발을 흔들면서 입성한다.

나의 봄은

애당초 바람의 씨였네
땡볕에 익은 물의 꽃들이
바람을 안고 뒹구는 난교파티
호수는 뜨겁게 몸부림치네

대지는 운명을 반죽하고 있네
꿈과 좌절
기쁨과 슬픔
봄바람이 보리밭에서 연애질 하는 동안
종달새의 배꼽은 뜨겁게 부풀어 오르네

한 무리의 바람이 푸른 강을 노 저어 가네
노란 민들레는 제일 먼저
학습한 이별을 솟대 위로 밀어 올리고
미련 없이 바람이 되네

정지된 영상을 풀지 못해
누렇게 뜬 내 안의 봄
바람을 부여잡고 흐느끼는 기억들은
아직도 해묵은 억새 숲이네
채색이 안 되는 그리움이네.

수학여행의 추억

5월의 서귀포 정방폭포
바다를 향해 절벽을 뛰어내리는
젊음의 함성 가득했던 곳
너는 폭포 아래 한 떨기 해당화였다

머리에 안개꽃 함빡 쓰고서
바다에서 막 건져낸 쪽빛 시선을
내게 건넸을 때
나는 하얀 도화지
그 백지 위에
추상화 같은 연모를 그려놓고
분홍 꽃이 핀 소라껍질을 내밀던 손

폭포가 쏟아내는 바리톤의 함성도
대양의 해조음도 숨을 멈췄지
"난 애리야 넌?"
"아 나-ㄴ 실버레인, 은비라는 뜻이야"
주고받은 단 한마디

그 후
그녀가 준 소라껍질을 귀에 대면
울대가 파란 소녀의 모습이
무성영화로 맴돌고
해당화 한 송이 늘 가슴에 핀다.

허기재의 봄

찰그랑찰그랑 소리에 발맞춰 산굽이 길 달려가는 소년, 허리에 동여맨 빈 양은 도시락은 돌무더기 웅성한 허기재가 아득하다. 사월의 연둣빛 하루를 갈무리 하는 시간, 감투바위에 구름 한 점 걸어놓고 단내 나는 숨을 내려놓는다. 비탈 중간쯤 할매바위에 벌렁 누우면 회색 바위 옷에서 할머니 냄새가 난다. 나라 셋을 헤쳐 온 당신의 역사를 들려주시던 상할머니, 소죽에 삶은 고구마 냄새 같은 가난을 장다리꽃처럼 피워놓고 언제나 밥 한 술 내 밥그릇에 덜어내시던 상할머니의 냄새가 난다. 하늘님만 먹을 수 있는 쌀밥 한 그릇 고이 받쳐 든 조팝꽃의 그 무심한 사월, 허기재를 넘자면 한 다발의 진달래꽃을 따먹고 한 움큼의 찔레순을 꺾어 먹어야 했다. 빈 도시락에 할머니를 위한 연한 찔레순 한 움큼 마저 채우고 잿마루에 오르면 저녁연기 피어오르는 우리 동네 노을빛 가난이 다정하다. 툇마루에서 지는 해를 붙들고 계실 상할머니를 생각하며 내달리는 기쁨, 내리막길에 무우방귀 돌돌 굴리며 천국을 향해 질주한다. 거기 이빨 없는 늙은 천사의 환한 웃음이 흐드러지고,

훗날 구노의 아베마리아 노래만 들으면 할머니와 허기재가 쳇바퀴를 돌린다.

어떤 흡혈

동면을 막 벗어난 춘삼월
새로 태어날 수많은 새끼들을 위해
정화수에 살점을 녹여 피를 만드는 나무
옆구리에 상처를 내고
갈대를 꽂아 허기를 달랠 때
계곡에 흐르던 낮은 신음소리는
아버지 전장에 보내시고
빈 가슴 쥐어짜면서 날 낳으셨던
울 엄마 울음 같아
목만 축이고 돌아섰는데
뱃기름 잔뜩 낀 요즘 사람들
순전히 오래 살겠다는 이유 하나로
욕심만 한 기름통에 그득하니 피를 뽑는다
산이 우는 소리를 상큼한 노래라 하고
나무가 떠는 아픔을 춤을 춘다 하는
자기 최면에 걸린 흡혈귀들
거리마다 십자가는 넘쳐나고
계곡마다 목탁소리 자욱하건만
니체여, 신(神)은 정말 죽은 겁니까?

톱질하는 눈빛들이 피보다 붉다
의심스러운 내 기도 탓일까
밤새 재앙을 막아보겠다고
춘설(春雪)이 용을 썼는데
애꿎은 비닐하우스만 폭삭 주저앉았다.

하루

관악산을 넘어온 하현달이
불면을 빗질하는 밤 한 움큼씩 빠져나가는 늙은 응어리들이 피아노 선율을 타고 열반한다 간간이 외곽도로를 달리는 불빛은 이내 무덤 속으로 사라지고 어지럽던 공동묘지는 평온해졌다 하현달이 관악산 망루에 앉아 두툼한 이승의 기록을 풀어놓으면 나는 두서없이 이를 뒤적이다가
숱한 슬픔과 회한을 빨아들이는
블랙홀 하나 발견하고 술 한 잔 올린다
부르르 떨고 있는 시간 사이로
입술만 남은 기도(祈禱)들이 맥없이 쓸려간다
내 검은 허공마저 빨려 들어가고
비로소 없음의 자유를 선포하지만
해탈의 밤은 길지가 않다
아귀들이 부활할 시간이 가까워지는
새벽녘, 나는
탈을 벗고 잊기 위해 관속에 눕는다
늙은 하루가 숨을 거두는 것이다.

환하게 떨린다

네 이름 묻을 곳을 찾아 헤맸지만
더는 묻을 곳이 없다
세질 넘게 수직으로 파묻어 놓고
짱돌로 눌러놔도 벌떡 일어나는 이름
그 이름엔 가시가 돋아
다독일 때도 아프다
피하려고 하면
채찍이 되어 가슴팍을 후려치는 이름
피멍 든 아픔으로 너의 노예가 될 때
가슴이 떨린다
너의 이름 앞에서 환하게 떨린다.

손의 독백

가난의 힘으로 별을 캐던 시절
불타는 화전에서
난폭한 반항으로 전율할 때 나는
거침없이 방아쇠를 당겨주던
넘치는 능멸이었소
당신이 뒤틀린 운명을 연출하는 동안
한도를 초과 사용한 관절은 뒤틀렸고
힘줄은 삭아 늘어졌지만
나는 아직도
당신의 영원한 충복일 뿐
혈관을 막거나 구멍을 내서 해방되는
그런 꿈을 결코 꾸진 않는다오
다만
가끔은 노예의 명판으로
당신의 삐딱한 생각들을
후려치고 싶은 때가 있었답니다

그런데 요즘 어디 아픕니까?
명령대로 빼돌린 알약은 아직도

내 안에 잘 있다오

요양소에 잠든 아버지 갈퀴손에
먹지 않고 몰래 감춰 둔
노란 알약 두 알이 참 맹랑하다.

저어새

적막에 휩싸인 일요일 밤의 전철 속
환갑을 넘긴 듯한 맹인이
알루미늄 지팡이를 좌우로 휘저으며 지나간다
영락없는 저어새다

손에 든 깡통엔 동전 몇 닢,
시선을 휘젓는 지팡이는 진지하다만
일요일 밤의 지하철 안은 회색빛 무관심뿐

15도쯤 좌로 기운 동선이 쇠기둥에 부딪치자
와르르 무너지는 침묵의 모래성
잠시 뭔가를 음미하려는 듯 주춤거리다가
이내 황량한 사막을 빠져나가는 저어새

여기저기서 삐져나오는 낮은 한숨소리
망막에 남아있는 그의 영상이
고압전류로 변하여 횡격막을 지지고 있음이다

저어새는 한번 훑은 자리는 다시 훑지 않는다

되돌아보는 은혜는 사치란 말인가
무거운 짐이 돼버린 그의 허공
주머니 속 동전을 만지는 손이 자학을 꿈꾼다.

비 오는 날의 낮잠

사정없이 고막을 할퀴던 천둥번개
산통(産痛) 끝에 줄줄이
실 가닥을 뽑아낸다
비둘기 몇 마리
정금산 능선 따라 실을 매어 하프를 만들고
미루나무가 천 개의 손가락으로 연주를 한다
만상(萬想)을 쓸어내는 한여름의 하프 선율
묵은 꿈 하나 눈꺼풀에 대롱대롱
뚝,
단잠 속으로 떨어진다

선녀가 목욕을 한다
미루나무 아래서 무지개 하프를 뜯는 난
여러 번 선녀를 놓친 나무꾼
각본대로 날개옷을 감춰버리고
하프가 돼버린 선녀를 끌어안는다
곡선이 팽팽하게 당겨지는 조율의 시간
중음을 지나 고음으로 떨고 있는 하프
정상이 코앞인데

뚝,
허무의 깊이로 추락하는 나무꾼

누런 햇살이 눈을 후빈다
〈아, 빌어먹을 벌써 아침인가〉
후다닥 세수하고 급하게 옷을 입는데
옆에서 배시시 웃는 늙은 선녀
저녁이나 먹으란다
창밖에 발그레 번지는 노을, 여분의 행복
가장 긴 밤을 준비하는 선녀와 나무꾼.

꿈의 궁전

옹골찬 반백 년 쟁기질 끝에
호숫가 양지 녘에 마련한 꿈의 궁전
하얀 물비늘에 환상이 넘실댄다
세상을 다 빨아들일 수 있는 넓은 창 아래
평생 풀어쓸 오색 꿈들이 춤을 춘다
포도주 한 잔에 날개가 돋는
이 고독한 자유
날마다 핸드폰 속 어머니는
"아이고 야야 밥은 먹었냐?"
하얀 가슴에 그렇게 옹이가 자라지만
파란 가슴에 해당화가 툭툭 터지는 난
"네 아주 잘해 먹어요"
목구멍에 걸린 바람을 밀어 넣는다
꿈을 퇴고하기 위해 자리에 누우면
어머니 머리 위엔
함박눈이 소리 없이 쌓이고
내 가슴엔
개구리 울음소리가 그득해진다
〈이쯤에서 울까 말까〉

나이 들어 미지의 세계를 꿈꾸는 것은
눈물로 버림받은 기억들을 세례 하는 것
창문을 타고 넘는 푸른 적막이
포근하게 생채기를 덮어준다.

강물

골짜기를 휘돌아 반세기를 흘러온 강물
아직도 종착역, 바다는 멀 거라는
막연한 자기 위안이 점점 희미해진다

잔바람에 흩날리는 머리칼의 헤픈 웃음이
실은 제 속 상처를 감추는 짓이란 걸 다 안다
흔적을 남긴 만큼 자신도 상처를 입었던 것

사람들은 자기 상처 위에 시를 쓴다지

강물이 갈대의 손으로 허공을 흔들면
남은 아픔은 가시를 털어내고 시가 된다

울대가 거짐 다 닳아버린 강물이
달빛을 풀어놓고 수화를 한다
풀벌레들이 수화 내용을 음악으로 연주한다
나의 반세기를 연주하는 것이다

목구멍에 걸린 가시들이 작은 물방울이 되어

풀잎에 뿌려지는 이 새벽
나는 소리 없는 강물이다.

제 3 부

사부모곡(思父母曲)

어버이날의 풍경화

그 숲에는 참 많은 새들이 살았다
늘 숲은 바람에 흔들렸고 그럴 때마다
수맥처럼 흐르던 속울음이 켜켜이 쌓여
묵직한 어둠이 되었지만
고목은 더 이상 햇빛을 구걸하지 않고
버거운 초록의 탈을 벗기 시작했다

나의 숲이었던 어머니와 아버지
이제 초록잎 몇 개로 숨을 쉬는 고목
틈만 나면
나이테에 촘촘히 새겨둔
새소리를 꺼내어 듣곤 하지만
둥지 떠난 새들은 돌아오지 않고
물관 하나가 또 막히는 신호를 접수한다

새소리를 흉내 내는 핸드폰 소리
"그래 고맙다"
"너 살기도 바쁜데 오긴 뭘 와"
택배로 받은 마약 같은 사탕을 빨며

음계를 벗어난 바람소리를 감지하는 고목

적막이 서서히 또 다른 숲이 되어갈 때
오월이 감추어둔 차가운 바람은
초록이 빠져나간 뼛속으로 파고들고
기대했던 오 남매의 오케스트라 대신
내가 부는 하모니카 소리를 들으며
기꺼이 돌이 되기 위해
몇 개 남은 초록잎을 소금에 버무리고 있다.

요양소의 그림자들

꽃잎을 다 떨군 들국화
물관이 거짐 말라버린 뿌리
제 그림자를 지워가는 시간만이
더욱 분주한 요양소
소리의 그림자가 지워지는 동안
육신이 먼저 해탈해버리는 노인들

지난주까지도 만나면 웃어주던
소리의 그림자는
이제 텅 빈 사막의 회색 하늘
기저귀를 갈아주는 천사의 손은 차갑고
응고된 허공은 무겁다
내 영혼의 울대로 소음을 만들어보지만
이내 회색 하늘에 묻히고 마는 파문
버려야 할 마지막 무게인 양
내뱉는 한숨만이
날아갈 채비를 하는 나비처럼
20촉 형광등에 달랑달랑

오후 2시의 요양원은
녹슨 면도날처럼 고요하다.

물푸레나무

어머니
모진 것은 비탈 밭만이 아니었어요
바튼 숨소리를 내는 물푸레나무
누렁이의 코뚜레가 보여요
어머니 눈처럼 애처롭던
그 어린 누렁이를 길들이던 화전밭은
아버지 갈퀴손보다 독했잖아요
물푸레나무 코뚜레를 잡고
밭고랑을 앞서가던 나는
찔레 덤불에 처박혀 찔끔찔끔 울었지만
어머니의 붉은 눈에는
하얀 찔레꽃이 독하게 피었었지요
바람에 흩날리는 그 하얀 시간들
어머니
어서 일어나
매급시 달아나는 시간을 코뚜레 할
물푸레나무를 하러 가요.

징검다리(처음)

요양병원, 마지막 징검다리
한적한 산 밑에 웅크린 고려장
처음으로 돌아가려는 어머니는
초저녁 꿈의 힘으로 밤새 비디오를 돌리지만
아무리 골똘해도 알 수 없는 흔적들
고랑을 타고 번지는 우물미소에 별빛이 고인다

"야야 나 쉬 할란다"

드러난 처음이 편지 같은 나를 바라본다
그윽한 깊이로 처음을 숨겨두었던 비밀 정원
돌돌돌, 낙엽 구르는 소리가 들리고
체념 몇 방울이 초경처럼 이불을 적신다

밤새 걸어도 도로 처음인 어머니

막다른 골목에 넝쿨장미가 보인다
누군가 장미 속으로 사라지는 꿈
그쯤에서 멈춰버린 가시 꿈

평생 짚어온 징검다리 몇 개가 또 없어진다
날이 밝자 편지는 이내 반송되고
요양병원이 조금씩 침몰하고 있다.

어머니의 가시꽃

1.
어머니의 가시꽃이 무성 해지는 오월, 바라만 보아도 방울방울 맺히는 아픔이다. 젊어서는 붉은 찔레꽃이었는데 서리 맞은 이후로 꽃잎 진자리에 가시가 쑥쑥 자란다. 지독한 외로움을 먹고 자란 가시꽃은 이승에서 지지 못하면 상여꽃이 되어 저승까지 따라간다는, 알을 품듯이 체온으로 품어주어야만 스러지는 무채색의 꽃.

2.
어머니와 고모 그리고 어머니 친구를 모시고 가시털기 여행을 한다. 곤돌라로 덕유산에 올라 틀니의 탄성으로 몇 되의 가시를 털고, 구름을 깔고 앉아 더덕술 두어 잔에 살아난 아리랑으로 두어 됫박의 가시를 턴다. 거제도, 통영, 남해도에서, 그리고 파도소리 삼삼한 호텔방에서도 가시를 턴다. 가시꽃 진자리에는 찔레꽃 다시 피어나고.

3.

잠든 어머니는 이제 하얀 찔레꽃, 달빛 환한 꿈길에 파도는 소나타를 연주하며 어머니의 꽃밭을 보듬는다. 화음으로 코를 고는 세 분 어머니, 겨드랑이에 숨어 있던 가시가 마저 떨어지자 달빛이 꽃마다 향을 뿌린다 오랫동안 잊고 지내온 엄마의 냄새, 여름날 오후의 호박꽃 냄새, 슬픔 한 자락 가슴을 파고든다 나는 노량한 파도소리를 안주삼아 고량주 두어 잔으로 무딘 가슴을 벼리어주는 슬픔의 고삐를 꿈길에나 매어 두고 싶어 달빛을 덮고 가만히 눈을 감는다.

목어(木魚)

요양병원 208호실
창밖엔 목련이 수많은 은종(銀鐘)을 흔들고 있는데
종소리는 들리지 않고 목어 소리만 은은하다

만주 해란강에서 두만강으로
백두산에서 덕유산으로 터전을 바꿔가며
두더지처럼 화전을 일궜지만
늘 속이 무거웠던 아버지
비로소 무거운 짐을 내려놓으셨는지
동공마저 텅 비어있다

"아픈데 없어요?"
"…"
"저 누군지 알아요?"
"…"
속을 다 비운 오동나무

통통 탁 퉁퉁 탁
무아의 경지로만 그 내면의 소리를 듣게 된다는

송광사 목어를 보는 것이다
누가 불전사물(佛殿四物) 중
목어가 가장 쉽게 만들 수 있다고 했던가
종착역에 가서야 이룰 수 있는 것을

헬륨 풍선의 끈을 놓아야 아이는 잠이 든다지
나도 내일쯤
또 그 내일쯤?
풍선을 하늘로 날려 보내고
안팎 잘 닦고 말린 목어가 된다는 건
슬픔일까 아니면 축복일까?

둑방길

공사장으로 가는 복개천
시멘트를 싣고 가시는 아버지 자전거
빵끼통을 싣고 뒤따라가는 내 자전거
오 남매 자식들의 무게 때문일까
작은 오르막에서도 비틀거리는 아버지
나는 앞지르지 못하고 덩달아 용을 쓴다

망초가 잠이 덜 깬 이른 봄
서둘러 목을 내민 민들레
꽃대를 뽑아 올리고 한 시절을 차려놓는다
망초가 진을 치기 전에 꽃은 시들고
엎드려 바람을 부르는 은발머리
둑방길을 달려오시던 아버지 모습이다

밑천으로 뿌려놓은 피땀을
제대로 수확하기도 전에
잡초 속에 묻혀버리신 아버지
그 짐자전거는
어느 용광로에서 해탈했겠지만

해탈하지 못한 그때의 기억들은
아직도 굼벵이의 어둠 속이다

둑방길을 달리는 훗날의 자전거
은발 총총 곧추세운 민들레
아버지 닮은 모습으로 흔들린다
펼쳐보지 못한 날들이
빼곡히 돋아나는 둑방길
은발 나부끼던 꽃대마저 삭아지고
독 오른 망초들만 무성하게 자란다.

엄마는 바지랑대

1.
6·5 전쟁에서 돌아오신
특수 공작원이었다는 아버지
4대가 사는 종갓집의 무게에 맞춰
까만 미제 전화선 세 가닥을 비비 꼬아서
15도쯤 기울어진 기둥에 빨랫줄을 맨다
해주 침투에서 도주하던 힘으로 당겨진,
귀신 우는 소리를 내는 빨랫줄과
풍상에 휜 구불텅한 바지랑대

2.
상할머니께서 종갓집의 전통을 널고
할머니께서 시집살이의 한을 넌다
상할아버지께서 곰팡이 핀 가문의 자존을 널고
할아버지께서 너절한 가난을 넌다
넌다 넌다 넌다
꼬인 세 가닥의 빨랫줄이 늘어지고
바지랑대는 허리가 휘청이는데

원래 구불텅해서 아무도 그 고통을 모른다
가난의 손짓대로 흔들리는
엄마의 벙어리 냉가슴

3.
쌀독이 빈 것도
땔 나무가 떨어진 것도 엄마의 탓
어쩌다 빨랫줄이 텅 빈 저녁
헐거워진 어깨가 불안한 엄마
누군가 어둠을 밟고 지나가다 툭 건드리면
'쿵' 하고 바닥에 쓰러지는 바지랑대
떨어진 쓸개를 얼른 주워 꿀꺽 삼키고
병아리처럼 하늘을 본다
그날 밤
빨랫줄의 울음소리를 들으며
나는 깜깜한 엄마의 자궁에 둥지를 틀었다.

어머니의 일기

1.
친구 어머니 문상길에 들른다는 아들
내 갈 날도 시원하게 알려줬음 좋겠다
세수 다시 하고
양치질도 쎄게 하고
집안 청소도 야물게 하고
늙은이 냄새 안 나야 할 텐데
괴기 한 근 사다가 끓여야지
시상에
돼지고기 한 근이 만 원이라니
반 근, 오천 원어치가 겨우 한 줌이다

2.
괴기 반 근, 반도 안 먹고 간다네
넘 고생해서 그라제
딱한 내 새끼
홍시 하나 더 먹으라 했더니
속물만 쪽 빨아먹고 가네

옛날 버릇 그대로인 진짜 내 새끼
워매 걸음이 참말로 빠르네
월매나 바쁘게 살았으면… 쯧쯧
오살할 안개는 워째 이리 사납당가

3.
이른 햇살 가르며 떠나는 아들
섭섭함이 둥근 해 같으련만 애써 감추고
뒷모습이 가물가물, 탯줄 끊어지는 아픔
해맑은 아침인데 안개 탓하시다
어지럼증 꾸욱 참고서 대문을 닫으면
헐렁한 바람이 맥없이 빠져버려
방바닥에 나동그라지는 껍데기
아들 냄새 폴폴 나는 베개를 끌어안고
쓰잘때기 없다던 눈물 눈물
아이처럼 옷소매로 쓱싹 문지르고
촉촉하게 젖은 달력을 넘기시네
추석은 아직 멀었구먼…

은행알을 줍는 할머니

말린 대추처럼 쪼그라든 읍내 변두리에 덩그러니 서 있는 홀로 임대아파트, 낙오자들의 수용소 같은 분위기에 걸맞게 은행나무도 잔뜩 목마르다. 고추잠자리가 적막을 휘젓는 가을이면 시간의 끈이 삭아 떨어지는 너무나 자잘한 은행알, 아무도 탐내지 않는 그 은행알을 줍는 꼬부랑 할머니, 기다림의 전령처럼 어쩌다 한 알 툭 떨어지면 할머니의 삭은 허리도 삐그덕, 모진 바람이라도 불어서 그 작은 은행알이 후드득 떨어지면 은빛 머리칼이 헤진 깃발처럼 나부낀다. 한자락 바람을 물고 기다림을 되감아오는 비행기를 보면 깊게 꺼진 할머니의 눈알이 반짝 튀어나온다. 그러나 비행기는 언제나 할머니의 연줄을 끊어먹었고, 미국에 사는 아들이 부쳐주던 월이백 달러는 봄부터 오지 않았다.

젊은 아들 모습밖에 본 적이 없는 할머니에게 손자의 모습이 겹쳐진다. 아들과 똑같은 손자를 맘속에 그려놓고 헤져가는 기다림을 다독거리면서 가을을 맞지만 해마다 얼굴에 금줄 몇 개 그려놓고 달아나는 고추잠자리는 올해도 유령처럼 할머니 머리 위를 맴돈다. 기다림이 익어서 떨어지는 은행은 할머니의 하루를 길게 늘여준다. 서리가 하얗게 내려앉고 금빛 은행잎이 할머니의 내년을 점치며 조잘댈 무렵이면 할머니의 대바구니에는 구린내 물씬한 은행알이 손자의 환한 웃음으로 변하고 할머니의 기다림도 탱탱하게 여문다. 개꿈처럼 아무 일 없이 가을이 그렇게 지나가면 앙상한 은행나무와 할머니의 가슴에는 순백의 눈꽃이 필 거고 밀린 관리비 고지서에는 짜디짠 소금꽃이 하얗게 피어나겠지.

오늘도 은행 알을 꼭 쥔 할머니는 하루를 더 구걸하다가 차갑게 잠들고, 할머니의 비행기는 결항이다.

두더지 1

늑골 밑을 파고드는 두더지
고구마 밭을 누비던 그 두더지
맨발의 어머니, 무명치마가 몇 번 펄럭이자
호미 발을 부르르 떠는 두더지가 벌렁 누웠다
나는 얼른 지푸라기를 주워다 드렸고
두더지를 묶는 어머니는 단호한 기쁨이었다

약단지에서 방출되는 구수한 요술 냄새
지독한 가난이 만드는 궁중요리
어머니의 꼬드김과 미소로 간을 맞춘
가난을 대신한 두더지탕을 먹는다

그 후로도
어머니의 무명치마가 몇 번 더 펄럭였고
언제나처럼 부엌에 앉아
뼈까지 아작아작 맛있게 씹어 먹고서야
그 징한 초록 물이 빠지며
불알이 통통하게 영그는 소리를 들었다

두더지 2

너로 인해 영근 내 불알 두 쪽
질긴 네 유전인자의 힘으로
어둠을 헤집으며 예까지 왔구나
안테나가 고장나 도시로 왔던가
콘크리트 바닥을 헤집기란 뼈를 깎는 일

뭉툭하게 닳아버린 두 손을 귀에 대본다
삭그락삭삭
아직도 뼈 갈리는 소리가 난다
누워있던 어머니의 미소만큼이나 슬픈 소리

어서 꿈길이 열리는 잠자리에 들자
고구마 밭이 짙푸른 덕유산 화전밭
도망가는 것이 아니라 돌아가는 것이다
환상은 두더지의 살풀이춤 같은 것

도시 두더지 14층에서 곤히 잠들다.

투가리

가슴에 블랙홀 하나 있는 게 분명한
모진 기억도 원망도 모두 사라진
어머니는
헤벌쭉, 하회탈의 모습으로 산다
감각신경이 닳아 없어진 걸까
허리를 두드리면서도 괜찮다 하시고
입술이 타들어가도 안 아프다 하시는
바람을 안고 사는 고목나무
모처럼 자식들과 식사를 할라치면
뜨거운 투가리를 맨손으로 집어 든다
숟가락 수에 비례해서 간을 맞췄던 된장
식구가 반으로 줄었건만
백골이 된 역사를 땅에 묻은 이후에도
가난을 재탕 삼탕 울궈먹었던 투가리는
무엇을 끓이든 여전히 냄새가 짜다
신경이 다 닳아 없어진
짠 내 나는 어머니는
아직도 투가리와 한 가족이다.

어머니의 허공

교회 계단에서 넘어져 무릎이 깨진 어머니를 입원시켜놓고 만 하루를 간병하다 드러누우신 아버지, 하루에 두어 해를 산 사람처럼 눈이 깊다 머리맡에는 구식 라디오가 어머니를 대신해서 두런두런 허공을 메우고 있다 자정을 넘어 목울대 기우는 소리에 나는 가만히 일어나 라디오를 끄자 어둠 저편에서 한평생 담뱃진에 절어 외면당했던 은발(銀髮)의 고독이 다가와 아버지를 깨운다 소스라치게 놀라 깨시는 아버지, 로봇처럼 단번에 라디오를 다시 켜놓고 이내 잠드신다 어머니만이 저 해일 같은 가장(家長)의 고독을 물리칠 수 있었기에 그렇게라도 어머니의 빈자리를 매우지 않고는 잠들 수 없었던 게지 어머니의 허공이 참으로 컸던 게지 바다를 떠나 저마다 다른 나라 강줄기로 물을 찾아 떠난 자식들은 아직도 거친 물살을 거스르는 중인데 부레가 쪼그라든 아버지는 깊은 바다 속으로 가라앉고 있다 평생 위아래를 살피느라 옆을 돌보지 못했던 아버지 이제 허파에 남은 몇 모금의 산소로 어머니를 위해 올리는 기도는 수정처럼 맑고 단단하건만 고요한 창밖에는 마지막 겨울이 사분사분 소리를 죽이며 뉘 영접할 하이얀 꽃길을 만들고 있는데...

그 겨울밤

1.
까치둥지만 한 나무 한 짐을 부려놓고
저녁밥을 짓는 엄마 옆에 앉아 불을 쬔다
선달 그믐밤보다 더 어두운
한 겨울의 시래기죽 끓는 냄새
열두 살 소년의 절망을 끓이는 것이다
고구마 한 개를 아궁이 바닥 깊숙이 묻고
싸리나무를 밀어 넣는 어머니 얼굴이 호박꽃이다

지글지글, 싸리나무가 밑동으로 젖물을 토해낸다
그 뜨거운 젖물을 내 부슬목에 연신 바르시는 어머니
막연한 나의 믿음이 토해내는 어둠을
자신의 가슴에 차곡차곡 쌓아 놓고서
무거운 기도로 꾹꾹 눌러놓는 것이다

2.
어머니와 상할머니 할머니
삼대가 삼을 삼는 겨울밤은 너무나 길어

시래기죽으로는 버틸 수 없다는 걸 다 알지만
어머니는 뒷방으로 나만 불러 군고구마를 내놓는다
열한 개의 고구마로 열한 식구의 점심을 때워야 하는
가난의 한 토막을 가불한 것이다
뒷산 소나무가 나이테에 월광곡을 새기는 동안
나는 따끈한 기쁨을 철없이 먹는 것이다

잠이 들면 황홀한 꿈으로 바꿔 먹었던 군고구마
이제는 전설이 되어버린 그 겨울밤
뽀글뽀글 눈꽃을 쓴 채 모로 누워
어둠을 잣는 까치둥지만 한 울 어머니.

개기월식

잦은 개기월식이었다

검은 망토로 얼굴을 가렸지만 삐져나온 귀 밑으로 붉은 상처가 보이곤 했다 화전을 일구던 고단한 태양이 잠들면 수많은 족제비들이 달을 뜯어먹기 시작했고 울대가 주저앉은 달은 눈으로만 아픔을 방출했다 어쩌다 허기진 달이 햇빛을 받아먹는 동안에 뇌세포는 시간의 흔적을 포맷하는 것이었다 백치의 눈빛으로 변한 달에게 일그러진 태양이 제 발을 찌른 사금파리를 주워 먹였고 하현달은 서서히 눈이 멀어갔다

그날도 개기월식 중이었다

망토에 가려진 하현달이 배를 열고 사금파리를 방출하고 있었다 부러진 이빨과 너덜거리는 심장이 푸른 피를 흘리고 있었고 기진한 꿈들은 은하수에 휩쓸려 멀리멀리 흘러가버렸다 탈출이 연민보다 절실하다고 느꼈을 때쯤 월식은 또 일어났고 환상에 붙잡혀 미래를 소진해버린 달이 족쇄를 만지작거리면서 깨어나지 못할 어둠을 부르고 있었다

신들이 긴 잠을 자고 난 어느 봄날, 일식이 일어났고 고난의 시간은 멈춰버렸지 어머니의 손을 잡은 아버지의 하얀 눈물이 달의 가슴으로 흘러내려 환하게 늑골을 비춰주고 있었다 더 이상 개기월식은 일어나지 않았고 달의 기도는 점점 기울어져 고요한 변방이 되었다.

상할머니의 비손

1.

입이 큰 열 식구의 생일과 정월 대보름 이월 영등 삼월 삼짇날 등 여든다섯 우리 상할머니 천재적인 기억력으로 상할아버지로부터 막내 증손자까지 한 사람씩 생일을 고하고 비손하셨다. 거친 손바닥을 십자로 맞붙여 끊임없이 비비셨다. 그 어떤 미안함이나 송구한 기색 하나 없이 비손하는 동안 나는 옆에 앉아 침을 삼키면서 도대체 저 손 안에는 무엇을 넣고 저리도 정성스럽게 비비실까? 늘 그게 궁금하면서도 끝내 묻지 못하고 비손이 끝나면 서둘러 꽂힌 숟가락을 내려놓고 상의 귀퉁이를 차지하느라 한번도 그 실체를 보질 못했으나 상할머니께서 돌아가신 후에야 그건 눈으로는 볼 수 없는 할머니의 하늘이었음을 알았다.

2.

희생의 무게로 휘어져 굳어버린 기역자의 허리로 하늘을 떠받치고서 그 안에 열 식구의 운명을 경작하시던 상할머니, 당신을 위한 기도를 해본 적 없고 철저하게 땅굽성인 당신의 삶이 당당했기에 민들레 씨앗처럼 흩어진 자손들이 모진 땅에서도 꽃을 피우고 있는 건 아닐까? 된장국과 채소만으로 아흔을 넘기시고 평생을 보낸 그 오두막에서 영면하시었으나 내 가슴에 남은 할머니는 그 어떤 성자보다도 더 따사롭고 인자하셨다.

물의 여인

검은 독수리가 홰를 치다 사라진 허공에서
우울한 눈물이 쏟아진다
울 가를 배회하던 환상이 흠뻑 젖는다
차르르 태엽이 풀리는 백일홍의 아린 역사

사십 년 시공을 넘어 한 여자가 돌아온다
오래전에 인화지를 떠난 여인
꽃의 이름으로 무수히 짓밟혔던 여인
잔뜩 녹이 슬어 웃어도 울음 같다

타인으로 돌아온, 있어도 없음인 그녀를 마신다
사십 년 동안 숙성된 아픔은 쓴맛을 다 삭혔는지
고봉으로 연거푸 마셔도 취하지 않는다
마실수록 또렷해지는 여인

의미를 해독하지 못해 칼날이 되기도 했던,
그녀는 수직으로 절규하는 물의 현악기
붉게 익은 보리수나무의 언어들
침묵은 뉘 핏속으로 녹아들 그리움이던가

속을 비워낸 어둠이 한바탕 울어재끼자
그녀의 심장을 관통한 배롱나무가 길게 전율한다
의미가 해독되는 순간 물은 수평으로 눕는다.

제4부

들꽃

1.
둥지를 벗어난 그녀는
비로소 날개를 편 새가 되었다
해당화 숲속을 헤집어도 보고
목화밭을 맴돌기도 하다가
가시밭 속 딸기를 따먹으려다
가시에 찔려 눈이 멀었다
더는 날 수 없는 새
그래서 꽃이 되기 위해
눈먼 운명을
가시나무 아래 묻어버렸다

2.
여름 같은 봄
겨울 같은 봄
종잡을 수 없는 그 봄날에
한 송이 들꽃으로 피어난 그녀
허망은 허공을 향한다는 걸 깨달았을 때

가시나무에 갇혀버린 들꽃은
자신이
허공이란 것을 알아버렸다

3.
실바람조차 막아낼 힘이 없는 들꽃
바람의 의지대로 흔들릴 때마다
둘러 선 가시에 온몸을 찔리는,
원망은 언제나 바람이었고
바람은 피멍드는 아픔이었음을
절규하는 꽃대를 여지없이 흔들어대는
회색빛 가시 바람은
히브리 노예를 후려치던 채찍이었다

4.
바람은 날마다
어둠의 술병을 실어 날랐고
술이 타는 연기는
심장을 갉아먹고 있었다

갈라진 바람의 혀가
속살을 헤집을 때마다
몸서리쳐대던 체념들이
수많은 사리가 되었던 밤
짓밟힌 들꽃은 왜 또 숨을 쉬는가
누가 저 모진 운명을 찬양했던가

5.
질긴 건 더 이상 꽃이 아니었음을,
저주를 주문처럼 외던 어느 여름밤
짜디짠 사해의 눈물이
어둠을 세례 하던 그 여름밤
기도가 바람의 뿌리를 갉아먹었음인가
한순간 바람은 가시나무로 변해버렸고
그 땅의 주인은 푸른 낫으로
가시나무를 댕강, 잘라버렸다

6.
두려움의 그림자가

말뚝처럼 그 자리에 박혀 있는 동안
들꽃은
상처를 끌어안은 채 떨고 있었다
일곱 번째의 봄이 다녀간 여름
눈물이 마르고
상처가 거짐 아물었을 무렵
비로소 바람의 그림자는 사라졌고
두려움의 그림자도 없어졌다

7.
초원에서 실바람이 춤을 춘다
시력을 되찾은 들꽃이 춤을 춘다
하얀 도화지가 된 그녀의 가슴에
한 송이 들꽃을 그리는 사람
노오란 씨방을 마저 그리고
천 개의 초록 날개를 펴고 춤을 춘다
노래하는 파랑새의 음률만큼씩
점점 더 부풀어 오르는 씨방
하늘이 흐드러지게 웃는다.

월광곡

눈빛 점점 익어가던 오월
안면도 방포해변은 창세기였다
달빛을 헤쳐 온 파도는
콘트라베이스의 현으로 떨고 있었고
온몸으로 울어대던 G장조의 하모니카는
가시밭에 징검다리를 놓고 있었다
부서진 고막이 접수한 월광곡은
무수한 해당화로 피어나
모래 언덕에 한 편의 시가 되었다
수많은 꼬리표가 나부끼는 시
더는 퇴고할 수 없는,
나의 이정표가 돼버린 시
바람에 깃발이 헤지듯이
원죄의 아픔도 헤질 거라며
망막에 초점을 잡은 시의 빛으로
심장에 불을 댕긴 그 밤
열풍에 덖인 어둠은 한없이 향기롭고
달빛에 안긴 숨소리는 아늑했다

비

우르릉 쾅
관악산 위에서 대포 몇 방을 쏘더니
이내 무수한 총탄을 퍼붓는다
눈물 나게 기다리던 아군의 거친 숨결
유리창을 두드리는 저 우직함
가뭄으로 주말농장이 매일농장 돼버린,
물조루의 감질나는 물총으로
화생방전에 나서야 했던 무모함을 안다는 듯
고구마와 들깻잎의 자지러지는 함성이 들린다
비명 같은 먼지 폴폴 일으키다가
고랑마다 붉은 함성이 흐른다
아라비아 사막보다 더 가물었던 사람 있었다는 걸
IMF로 목마른 어둠일 때야 알았지
누구를 거느린다는 건
내 핏줄에 빨대 하나씩 꽂아 주는 것
핏물이 심장에 차올라
군데군데 구멍 난 애간장을 내려놓고
피를 빨리는 황홀함을 그대는 아는가?

날개가 돈는다

겨우내 피 울음 같은 음악을 연주하면서 생명을 지켜낸 용문산, 발등을 감아 오르는 봄을 바라보는 눈빛이 부처시다 지쳐서일까 소나무의 첼로 소리는 검푸른 멍이 들었고 떡갈나무의 탬버린소리는 무당의 요령처럼 뭉쳐있다 느릅나무는 화음을 벗어난 콘트라베이스, 멥새 콩새들의 플룻 소리와 비둘기의 호른 소리만 도드라져 계곡물이 연주하는 가느다란 피아노 소리를 감아올린다 청중은 몇 벌의 방한복을 껴입은 나와 망토를 벗은 햇살과 늦잠을 깨우느라 분주한 봄바람, 저들의 오케스트라에서 어머니의 기침소리가 들려오고 아내의 눈가에 맺힌 이슬이 보인다 며칠 전 사소한 이유로 맹랑한 싸움을 했던 윤 사장의 원망이 들리고 가슴에 대못 하나 쾅쾅 박아둔 첫사랑이 보인다 나는 이들의 방한복을 빼앗아 입고서 추위를 견디며 살아왔는데 이제 그 옷을 돌려줘야 할 시간, 저들의 아픔이 내 안에서 화석이 되려고 한다 수만 년 눈물로 녹여내야 할 돌이 되기 전에 씻어내야 하는 건데 방법이 무엇일까 능선을 깔고 앉아 막걸리 몇 모금으로 엉킨 시간을 풀어내며 골똘해진다 누런 억새밭에서 춤을 추는 햇살과 봄바람의 심장소리는 얼

마나 우렁찬지 내 가슴이 벌겋게 공명한다

적막이 산처럼 쌓인 암자, 아무도 없는 법당에 앉아 물끄러미 부처를 바라본다 지금까지 시주했던 욕심과 그로 인한 뒤탈 수습을 더 이상 간청할 수 없어 마음 하나 내려놓고 돌아 앉아 산 아래를 굽어보는데 드르륵, 누가 내 가슴에 구멍을 뚫는다 분출하지 못한 용암이 흘러내린다 한때는 금빛 찬란한 빛이었고 사향 냄새를 풍기던 용암, 거추장스러웠던 방한복 단추가 술술 풀리고 성글어진 가슴으로 봄바람이 스며든다 용문산 오케스트라 음악을 들으면서 마지막 옷을 벗어버리자 양 겨드랑이에서 오월의 날개가 돋는다 푸른 날개가 돋는다.

추수

들깨를 베어 비닐 위에 널어놓았더니 먼저 익은 것들은 바람만 불어도 차르르 적멸의 씨앗을 쏟아내는데 덜 익은 것들은 목마른 기도로 가을비를 불렀음인가 밤새 비가 내려 떨어진 적멸들이 가벼움으로 떠내려 가버렸다. 깻잎을 갉아먹는 땅개비를 보면 머리를 분리하고 다시 발로 비벼버렸는데 가을비를 난 패주지 못한다.

허공에 詩 농사를 시작한 지 15년째 매년 수확을 하면 쭉정이가 태반, 부끄러워 몰래 버리고 싶었지만 이미 공출해간 시들이 외눈박이로 사방에 걸려있다. 이름표는 왜 갈수록 더 선명해지는지… 불량식품 같은 詩가 싫어서 허공을 통째로 버리고 대신 50평 남짓 땅을 빌어 심기 시작한 농작물들, 상추 배추 고구마 호박 들깨 등이 낮 동안의 여가를 공출해가고 밤의 여가는 드라마의 최면으로 툭툭 잘라서 미궁에 시주해버렸다. 펜을 버리고 그림자처럼 사는 시인, 미련조차 버리는 게 좋을까 두는 게 좋을까? 물음표의 답을 애써 외면한 채 고구마를 캐고 드라마에 빠져보지만 해우소(解憂所)에 앉아도 해소되지 않는 이 걸쩍지근함의 근원을 언제까지 외면할 수 있을까?

해갈이 농사처럼 잡초투성이의 내 속을 갈아엎고 묵은 사고의 찌꺼기까지 다 쏟아낼 수가 있다면 적당히 잡초도 봐주면서 바람에 건들거리는 들깨를 심고 그 옆에 고구마를 심자. 땅개비가 고구마 잎을 갉아먹어도 더 이상 목을 따는 일 없이 봐주고 차르르 들깨 쏟아지는 소리로 구수한 겨울밤을 만들어보자. 그리고 잘 여문 詩 하나 수확하여 긴긴 겨울밤을 따스하게 덥힐 수만 있다면.

3월의 알람브라궁전

사라진 무어족의 하얀 넋이 겹겹이 쌓여있는
순백의 네바다산맥
수백 년 동안 죽은 신께 부활을 빌었더냐
네 모습이 하늘보다 더 눈부시다
지금도 설산에서 들려오는 희미한 메아리
알람브라 궁전을 건축하는 장인들의 망치소리와
허공에 뿌려진 최후의 절규가 녹아내린다
마지막 왕국을 험산 분지에 구걸해놓고
예고된 종말을 250년 동안 치장하고 있었다니
허무를 대리석에 새기면서 천상의 세계를 꿈꿨을까
알람브라 궁전에는 시들지 않는 꽃들이 가득하건만
벌 나비는 날지 않고
주인을 몰아낸 이교도들의 맹랑한 탄성만이
녹슨 분수대에서 솟구치는 오래된 슬픔을 탈색한다
700년 역사는 무어인들을 이방인도 원주민도 아닌
경계를 넘나드는 유랑민으로 만들었구나
저 높은 네바다산맥은 누구를 위한 장벽이었던가

무어족의 혼이 대리석 꽃으로 피어있는 알람브라궁전
시간을 잘라먹은 우울한 향기가 가슴을 후빈다.

---

* 알람브라궁전; 스페인 남부 그라나다에 남아있는 무어족의 아름다운 궁전, 세계문화유산.

700년 동안 이베리아반도를 지배해왔던 무어족(아랍족의 한 분류)이 1,250년경 현재의 스페인족에게 밀려 협상 끝에 네바다산맥으로 둘러싸인 천혜의 요새, 고도 1,000미터의 그라나다 분지에 마지막 왕국을 건설하였으나 1492년(콜럼버스가 미 대륙을 발견한 해) 그라나다의 마지막 왕 나사로는 스페인의 이사벨라 여왕에게 패하고 무어왕국은 스페인에서 사라짐. 천주교가 국교인 스페인은 이교도인 무어족의 이슬람 문화유산을 대부분 파괴해버렸으나 알람브라궁전은 신의 궁전이 아닌가 할 정도로 너무나 아름다워 감히 파괴하지 못해 오늘날 불멸의 세계문화유산으로 남게 되었다.

은빛 웃음

1.
늘어트린 머플러로 우수를 방전하는 여인
위장막 같은 미소로 커피를 끓인다
커피잔에 하루분의 시름을 털어 넣고
천천히 저으면서 흘리는 웃음은 가불한 위안
그녀의 볼우물에 플러그를 꽂는다
지지직 지지직.....
수리되지 않은, 아직은 난시청 지역
나는 모니터를 꺼버리고 시집 한 권을 건네준다
"그냥 읽어보세요."
미소의 그늘이 깊고 어둡다

2.
황사가 성(城)을 빠져나간 오후
그녀로부터의 첫 번째 전화
"시(詩) 속에 푹 빠져서 아무 일도 못해요.
이제 어떡하죠? 호호호"
가불하지 않은 환한 웃음이다

늪을 빠져나온 어미 사슴의 파아란 눈물이다

3.
그녀의 두 번째 전화
“매화가 선생님의 냄새를 풍겨요.”
햇살 한 다발 강물에 꽂힌다
눈부시게 피어나는 물의 꽃
그녀의 은빛 웃음
전파가 잡힌 모니터에는
노오란 들꽃이 활짝 피어 있는데
전화기에는 발신자 표시가 없다
남산이 까치발로 목을 빼보지만 흔적 없다.

끝나지 않은 전쟁

처서의 희미한 발자국 소리가 들려오는 오후
순환고속도로를 내려서는 길목에는
더위 먹은 자동차들이 헐떡 숨을 내뿜으며 도열한다
'6인용 돗자리 5천 원'

팻말 아래 도열해있는
혼기 놓친 등받이와 엉성하게 화장을 한 전자계산기
머리 비틀린 풍뎅이처럼 사각 링을 맴도는 장난감 자동차,
물밀듯이 만리장성을 넘어와
이 땅의 숱한 장인들을 삼켜버린 저 싸구려 물건들
마스크에 카우보이 모자를 눌러쓴 장사꾼의 눈빛이 붉다
늘어선 자동차를 사열하다가 정확하게 목표물을 찍어서
살점 하나를 취한다
애써 눈빛을 피하는 나를 쏘아보는 사열관의 눈빛에서
안시성에 뿌린 고구려 병사의 피 냄새가 난다
처절한 전쟁은 아직도 끝나지 않았던가
파란 불빛을 따라 주르르 퇴각하는 철갑들
적당한 간격으로 열병식은 다시 시작되고
고구려의 지친 후예들을 향해 사열관은 눈 화살을 쏜다

돗자리 하나가 철갑 속으로 빨려 들어가고
마른 살점 하나 공중에 날린다
거의 필사적으로 살점을 주워 먹는,
목구멍이 까맣게 그을린 사열관은 표정이 없다
혹시 당나라의 첩자는 아닐까?

만리포의 노을

차마 똑바로 쳐다볼 수 없는
외눈박이 감시자
논밭에서, 공장에서, 길거리 장터에서
그리고 저 사막이나 정글 속에서도
그의 눈빛이 닿는 곳이면 어디든
무차별적으로 채찍을 휘두르던 폭군
그도 누울 자리 앞에선 순해지네
누구나 마지막에는 뒤를 돌아보는 법
노예들의 땀과 눈물인 바다에 발을 담그네
오만한 눈빛을 거두고
자기 무덤 위에 피눈물을 뿌리네
태양도 나처럼
어둠을 기다리는 노예였던가
하얀 손수건을 붉게 적시고 나서야
순한 그리움이 되어 눈을 감네
그것은 또 다른 기다림
영혼은 한 마리 새가 되어 날아가네
기다림의 도도리표, 새벽을 향해.

멍

애당초 바람의 씨였던가
돌 틈을 비집고
서둘러 새 삶을 밀어 올리는 동안
너무 빨리 봄은 지나갔고
가속도가 붙은 여름마저 짧고 뜨거웠네
눈먼 사랑으로 씨방이 타버린 꽃
수정이 안 되는 꽃
차라리 잡초였으면 모질기라도 했으련만
쑥대밭을 지나온 한줄기 쓴 바람에
맥없이 떨어지는 꽃
돌담장은 가슴이 아리네
그 자리 그대로
식어버린 돌 이마에 장맛비가 내리고
파란 이끼가 촘촘히 자라네
사랑의 멍이 푸르게 자라네.

화전

봄날에 화전을 개간하는 건
부황 든 가난을 캐내는 일
그건 긴 겨울나기보다 모진 일일 수밖에
땅이 우직하게 제 새끼들을 붙들고 있음이야
아무리 파내도 끝을 볼 수 없는
나무뿌리 돌 뿌리들의 집념
톱날로 참형을 가하는 어린 망나니
하얀 피가 뚝뚝 떨어지는 최후의 생명줄
잘린 뿌리를 쳐들고 피맛을 본다
이 허기의 진저리
막 물이 오른 나무 한 그루의 흔적을 지우고
내 평생의 좌우명이 된
〈가난은 죄악이라는〉 다짐을 심는 것이다
그것이
세상에서 제일 힘든 일인 줄 알았는데
이보다 더 힘든 건
빗나간 다짐의 뿌리를 캐내는 것
공전의 주기는 점점 짧아지고
뒤엉킨 다짐의 뿌리를 캐내고 나면

나는 다시 들꽃이 만발한
주인 없는 화전이 되고 마는 것인데.

봄바다 2

벌건 대낮에
하늘과 바다가 한 몸이 되어 전율한다
햇살 한 자락
치마 속에 감추고 부끄러운 듯
지그시 눈을 감는 수평선
아마도 먼 훗날의 그리움이 될
저 황홀경
갈기를 세우고 하늘을 물어뜯는
절정
하얀 몸부림이 눈부시다
오늘은 외투 깃을 열고
단추를 풀어도
뜨거운 속살이 부끄럽지 않겠네
부풀어 오른 가슴마다
송이송이 동백꽃 발그레 피어나고
봄바다는 절정으로 몸부림친다.

호박 구덩이

개복숭아 꽃내음에 취한 아지랑이가
나물 캐는 처녀들의 뽀얀 속살을 더듬는 봄
울 아버지 똥장군을 지고 끄덕끄덕,
똥술 팔러 가신다
겨우내 쏟아낸 고구마밥 무밥의 해탈,
누룩 없이도 잘 익은 똥술을 퍼내신다
온 동네에 술 냄새 폴폴 날리면서
세무서원 들이닥치기 전에 똥술을 퍼내신다
종달새 무시로 떨어지는 양지쪽 비탈 밭
호박 구덩이에 술 한 바가지씩 올리고 나면
냄새에 취한 종달새는 하늘 높이 솟구치고
아지랑이는 건들건들 개다리춤이 흥겹다
거나하게 똥술 취한 비탈밭은 주렁주렁
호박 굴리는 꿈이 야무진데
술 못하는 어린 염소
새앙뿔로 허공을 찌르며
푸드덕푸드덕 구역질이 애처롭다.

물소리 그리기

우리 동네 이발소에 가면
능소화 같은 노처녀가 초상화를 그려준다
어떤 간격을 한 발짝씩 좁혀주는
9월쯤의 푸른 초상화를 그려주곤 했는데
연하의 남자를 만난 걸까 유난히 화려해진 그녀가
요즘은 무덤에서 한오백년 살다가 나온듯한
중학교 때 교감선생님을 그려놓는다

로미오의 곱슬머리와 꽃빛 미소는 어디로 가고
뻰뻰한 이마에 귀만 쫑긋 커져버린
물소리가 수상하게 들려오는 칙칙한 골짜기
갑자기 아득해진 간격 앞에서 최면이 풀린다
자연을 예찬했던 루소의 망령이 예까지 스며든 걸까
귀밑 억새 숲에서도 물소리가 들린다

아내가 검은 빗자루로 쓸고 쓸어도
하얗게 쌓이는 눈은 또,
검은콩을 볶는 아내의 눈빛이 애처롭다
한 해를 한 달로 줄여서 내달리는 뭉크 옆에서

덩달아 가속도를 내느라 피곤한 아내
그녀의 잠든 얼굴에서도 수상한 물소리가 들린다.

어린 날의 초상화

댓닭 홰치는 소리에
들창이 희번하게 실눈을 뜨면
아부이 헛기침소리에 후다닥 일어나
새앙뿔 난 부룩소를 몰고
섶다리 건너 알섬에 나가
는개에 먹히고 마는 아침

풀 한 망태기
서부렁하게 짊어지고 들어서면
학교 늦을라
노래진 어무이 애간장이 덜렁
장국에 보리밥을 설렁설렁 말아서
무거리고추장으로 꿀떡꿀떡 넘기고
젖은 잠방이로
한 다름에 잿길을 달려가면
타는 속을 물바람이 잡아준다

이미 운동장엔 조회가 시작된 시간
냉갈령 한 주번이 지키는 교문을 피해

벌룩한 개구멍으로 잽싸게 기어들어
서푼서푼 빈 교실에 기어들면
당번인 가랑머리 순이가
조개볼로 쳐다보고,
사르르 녹아나는 연초록 풋가슴

삼신할무이
나중에 어른 되면
저 가스나 뱃속에 내 얼라 하나 꼭 심어 주이소
난 그렇게 빌고 또 빌었다.

3월의 동장군

봄을 시샘하는 동장군
패악질이 매섭다
관악산 도봉산 수락산
단청을 벗은 산 빛은 청명하다
오염을 털어낸 강물 위로
머리를 쳐든 수억의 돌고래 떼
사념의 꼬리를 물고 상류로 내달린다
나도 따라 달린다
내 안에 내가 저리도 많았던가
수많은 나의 뒷모습을 멀거니 바라보다가
뿔이 말랑해진,
휘청거리는 남자를 본다
차문을 열고 강가에 내려서자
이리떼처럼 달려드는 동장군의 졸개들
쩡쩡 얼어붙는 하나의 고깃덩이
유리상자 안으로 서둘러 피신한다
아직 심장소리가 따뜻하다
꼬리 잘린 동장군, 순해진다
고향을 잃어버린
도시 사슴들이 휘청거리며 지나간다.

이월의 눈꽃

순백의 고향 시베리아
동장군은
나타샤의 춤사위가 그립다
애절한 기도는 순백의 꽃잎
솟구쳐 날리고
휘돌아 다시 내리는 북극혼의 춤사위
앉는 대로 꽃이 된다
나타샤의 함박꽃
지바고의 구름꽃
전생을 돌아보는 누렁소의 깊은 눈에도
하이얀 꽃이 핀다
임무를 마친 동장군은 먼 길 나서고
발자국 아래 태동하는 작은 떨림들
가는 이를 위한
마지막 눈꽃 잔치는 짧아도
새 날을 위한 순백의 환희는 그윽하다.

반추
(허공을 산책하기)

길이 아닌 길을 너무 멀리 달려왔다
돌아갈 수 없는 없음의 길
바람은 여전히 허공을 향하고
나는 무량한 바람이 된다
알량한 신념의 방향타를 놓아버리자
바람의 길이 나의 길인 것을

발아래 비로소 우련해지는
허무의 늪과 우거진 신음소리들
평생을 넘어온 산 산 산
아직도
푸른 바람은 산을 오르고
바튼 숨도 산을 오른다
그러나 나는
날개를 접고 산비탈에 주저앉는다

이제부터는 땅 짚고 헤엄치는 삶
어떤 바람도 나를 밟을지언정
내 허리를 꺾지는 못하리

이슬로 목을 축이는 아침이면
나는 노랑한 바람이 되어
가지런해진 추억 속을 산책하며
네가 버린 시간들을 챙겨보련다.

화보집

2009년 릴케문학상 대상 부상으로 개화여술공원에 세워진 시비 앞에서

국제펜클럽 문효치 이사장님과 함께

가평역에 설치된 자신의 시화 앞에서

2000년 광명시만국악단 풍물반장으로 공연하던 모습

KOREA HARMOBAND 단장으로 정기발표 연주 모습

2019년 K하모니카페스티벌 대상을 수상한 KOREA HARMOBAND 결선 연주 모습

하모니카합주 대상수상기념사진

2018년 북경 국제하모니카대회

2018년 8월 북경국제하모니카대회 독주 2위 입상

대청호 자전거라이딩중에

대청호 자전거라이딩중에

사륜바이크로 용문산을 오르는 모습